100
infos à connaître
LES ABYSSES

Piccolia

100 infos à connaître

LES ABYSSES

Camilla de la Bedoyere

Consultant : Steve Parker

Piccolia

5, rue d'Alembert
91240 Saint-Michel-sur-Orge
Dépôt légal : 2e trimestre 2011
Loi n°49-956 du 16 juilllet 1949
sur les publications destinées à la jeunesse.
Imprimé en Chine.

Remerciements aux artistes qui ont contribué à l'élaboration de ce titre :

Julian Baker, Mike Foster (Maltings Partnership), Ian Jackson, Mike Saunders
Couverture : Ian Jackson
Page 2–3 Norbert Wu/Minden Pictures/National Geographic Stock ;
6–7 Dr Ken Macdonald/Science Photo Library ; 10 W. H. F. Smith/NOAA ;
12–13 MiguelAngeloSilva/iStockphoto.com ; 12 Tommy Schultz/Dreamstime.com,
Tommy Schultz/Fotolia.com, tswinner/iStockphoto.com ; 13 Desertdiver/Fotolia.com ;
14–15 cornelius/Fotolia.com ; 15 Fred Bavendam/Minden Pictures/FLPA ; 20 Jean Tresfon/Getty Images ;
21 Ralph White/Corbis ; 22–23 Pat Morris/Ardea ; 23 Brandon Cole/naturepl.com ;
25 Archival Photography by Steve Nicklas NOS, NGS/NOAA ; 29 NOAA Office of Ocean Exploration,
Dr. Bob Embley, NOAA PMEL/NOAA ; 31 Brooke et al, NOAA-OE, HBOI/NOAA ;
32 Ingo Arndt/Minden Pictures/FLPA, Norbert Wu/Minden Pictures/FLPA ; 34 zebra0209/Fotolia.com,
sethakan/iStockphoto.com ; 35 David Shale/naturepl.com ; 36 Edie Widder/NOAA ;
37 Reinhard Dirscherl/photolibrary.com ; 39 Norbert Wu/Minden Pictures/FLPA ;
40 c.W. Disney/Everett/Rex Features ; 41 Neil Bromhall/Getty Images, ImageBroker/Imagebroker/FLPA ;
42 Gary Bell/OceanwideImages.com ; 44 USS Albatross Steve Nicklas, NGS, RSD/NOAA,
Meteor Steve Nicklas, NOS, NGS/NOAA ; 45 Bathysphere US Federal Government (NOAA),
map W. H. F. Smith/ NOAA, Monterey Bay Aquarium Research Institute c. 2007 MBARI ;
46–47 Emory Kristof/National Geographic/Getty Images
Corel, digitalSTOCK, digitalvision, John Foxx, PhotoAlto, PhotoDisc, PhotoEssentials, PhotoPro, Stockbyte,
Marie André

Imprimé sur papier issu de forêts gérées durablement.

Sommaire

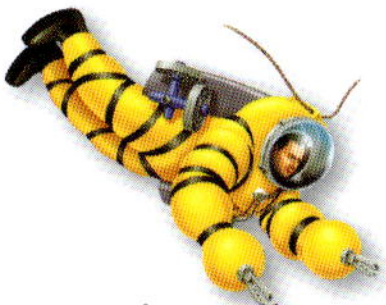

La vie dans les fonds mari

1 Dans l'obscurité des profondeurs océanes, une faune étrange s'est développée. L'absence de lumière et la forte pression de l'eau ont longtemps laissé penser qu'aucune espèce ne pouvait y vivre. Mais aujourd'hui, les scientifiques y découvrent sans cesse de nouvelles créatures, allant des calmars géants aux grands yeux aux vers mesurant 2 mètres de long.

▶ À plus de 2,5 kilomètres sous la surface des océans, et près d'un évent hydrothermal, une anguille des sources se cache parmi les vers tubicoles géants et les crabes. Pour explorer ces zones très profondes, les scientifiques utilisent des sous-marins téléguidés.

ns

Les zones océaniques

2 Les océans forment d'immenses étendues d'eau qui couvrent plus des deux tiers de la surface de la Terre. Il existe cinq océans et ils constituent un écosystème géant de créatures qui dépendent de l'eau de mer pour survivre.

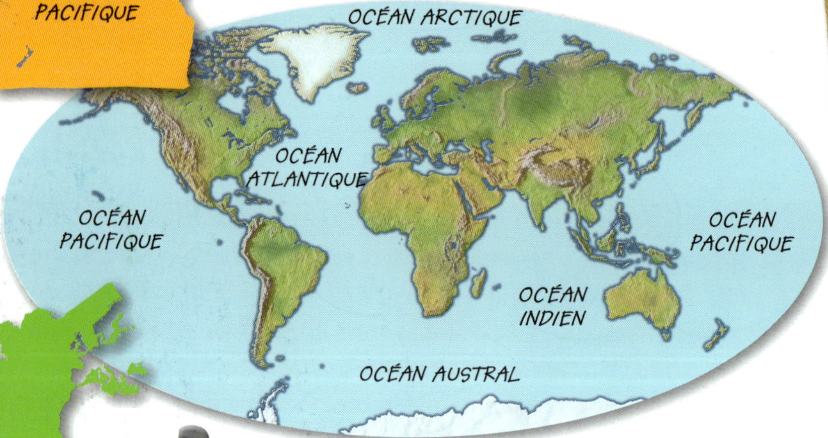

3 Sur leurs bords, les océans ne sont pas très profonds et regorgent de vie. Ces zones sont appelées « plateaux continentaux » et ne représentent que 5 % de la surface totale des océans. Les plateaux plongent en talus abrupts à partir desquels le fond s'étend en d'immenses plaines sombres.

▲ Il existe cinq océans qui, reliés entre eux, forment une seule et gigantesque masse d'eau.

▶ Les scientifiques divisent les océans en cinq zones, ou étages. Les espèces qui y évoluent varient d'une zone à l'autre.

JEUX DE LUMIÈRE

Combien de couleurs forment la lumière blanche ? Quelles sont-elles ? Pour découvrir les longueurs d'onde de la lumière blanche, cherche sur Internet en tapant les mots-clés « **arc-en-ciel** » et « **lumière** ».

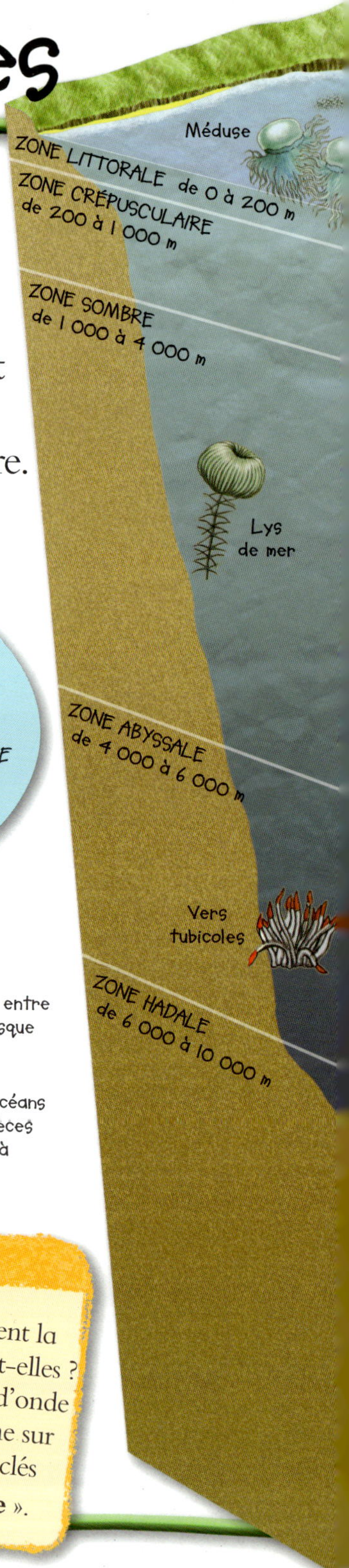

4 Les océans sont profonds.

En moyenne, leur fond s'établit à 3 800 mètres mais, dans certains endroits, il peut descendre jusqu'à 11 000 mètres. Si on enlevait toute l'eau des océans, un paysage impressionnant s'offrirait à nos yeux : montagnes géantes, volcans, étendues plates et fosses profondes.

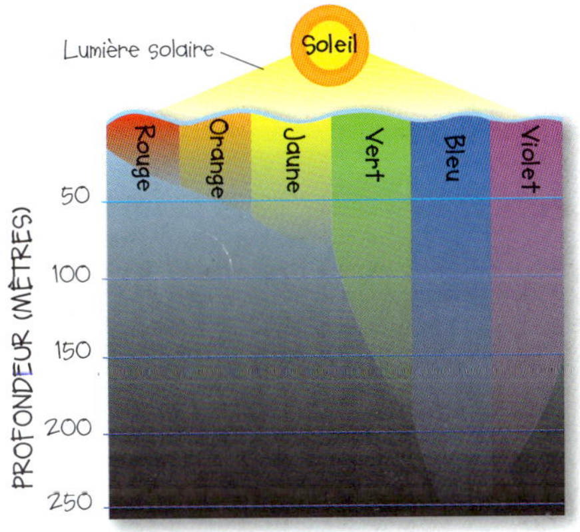

▲ La lumière du Soleil n'atteint que la zone supérieure des océans. Tout ce qui se trouve en dessous de cette zone est plongé dans une obscurité perpétuelle.

5 La lumière du Soleil traverse la zone supérieure des océans, aussi appelée « zone littorale », apportant chaleur, lumière et énergie aux créatures qui y vivent.

La lumière est composée de multiples couleurs et, à mesure que celles-ci traversent l'eau, elles sont absorbées, jusqu'à ce qu'il ne reste que la couleur bleue. À partir d'environ 200 mètres de profondeur, même la lumière bleue disparaît et tout est plongé dans l'obscurité.

En eau profonde

6 Que de différences entre la vie sous l'eau et la vie à l'air libre ! L'océan est l'un des habitats les plus étonnants de la planète : l'eau, en mouvement constant, y subit des variations. Les créatures y vivant doivent supporter l'absence de lumière et le poids de plusieurs tonnes d'eau au-dessus d'eux.

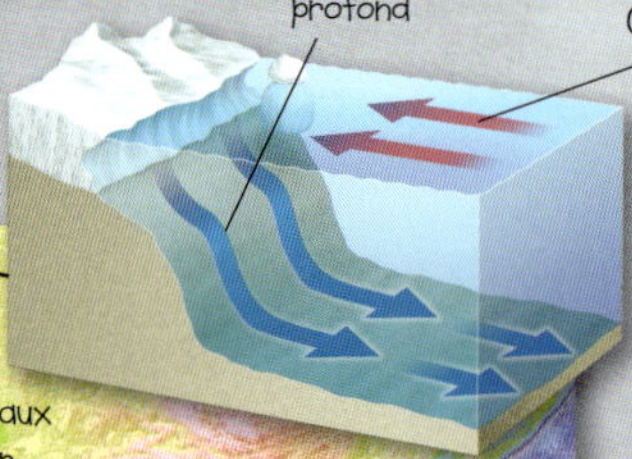

◄ L'eau froide étant plus dense, et donc plus lourde que l'eau chaude, elle descend dans les profondeurs océaniques près des régions polaires.

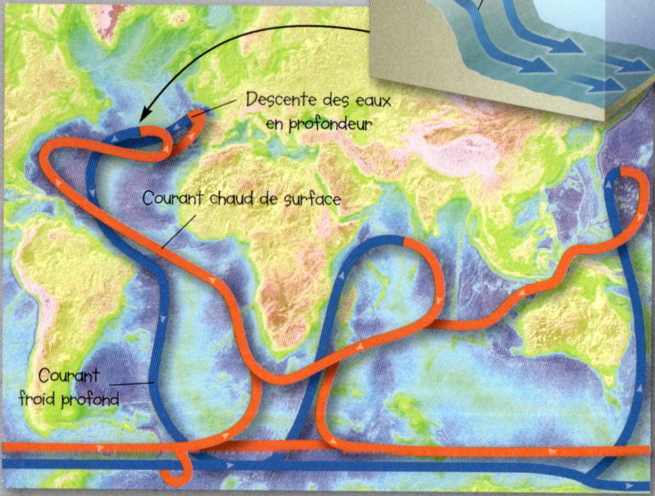

◄ L'eau se déplace autour du monde par le biais de courants. Les plus grands et les plus profonds d'entre eux forment un système nommé « tapis roulant océanique ».

7 À la surface, le vent crée des vagues et la force gravitationnelle de la Lune provoque les marées. Sous la surface, d'autres forces sont en action. Les eaux océaniques se meuvent en permanence, parcourant le globe en flux immenses, appelés « courants marins ».

8 À mesure que l'on s'enfonce dans les océans, notre corps ressent un poids de plus en plus lourd. En effet, l'eau est 830 fois plus dense que l'air : elle a donc plus de poids. C'est la densité de l'eau qui aide les objets à surnager ou à flotter. Mais plus on descend, plus la pression de l'eau qui s'exerce est forte.

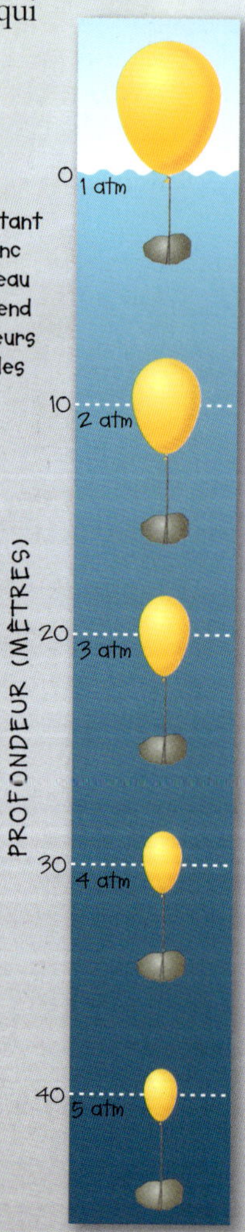

► La pression de l'eau peut se mesurer en atmosphère (atm). La pression augmente avec la profondeur, écrasant les molécules d'air de ce ballon.

9 La température de l'eau change peu.

En effet, les eaux océaniques ont une inertie thermique élevée ce qui signifie qu'elles se réchauffent et se refroidissent lentement. On estime qu'elles maintiennent leur température 4 000 fois mieux que l'air.

▼ De nombreux animaux immenses, comme ce requin pèlerin, vivent dans l'océan. Leur énorme poids est soutenu par l'eau de mer dense et salée.

10 Bonne nouvelle ! Dans l'eau, il n'y a rien à faire pour se nourrir !

En effet, comme l'eau est dense, de minuscules créatures et particules comestibles y restent en suspension. Certaines créatures marines déploient leurs tentacules pour attraper la nourriture, ou se contentent d'ouvrir la bouche en nageant !

◀ Une vue agrandie du plancton, ces minuscules animaux et plantes qui flottent ou nagent dans l'eau de mer et qui constituent l'alimentation des plus gros animaux.

ALOURDIS L'EAU

Il te faut :

Deux verres identiques contenant la même quantité d'eau, du sel.

Ajoute du sel dans l'un des verres et remue jusqu'à dissolution complète du sel. Pèse les deux verres : celui d'eau salée devrait être plus lourd. L'eau salée est donc plus dense et plus lourde que l'eau douce.

▶ Un verre d'eau de mer est trouble. En réalité, il contient du phytoplancton : ce sont de nombreuses substances constituant l'alimentation de minuscules organismes.

11 Il ne faut pas boire d'eau de mer car elle contient de nombreux minéraux, ou sels, dissous.

Une baignoire remplie d'eau de mer contient 2,8 kilogrammes de sels. La majeure partie est du chlorure de sodium (le sel commun) mais on trouve aussi des gaz tels que l'oxygène et l'azote.

La zone littorale

12 Les 200 premiers mètres de l'océan forment la zone littorale. Sur le plateau continental, la lumière du Soleil traverse l'eau jusqu'au fond. Mais en dessous de 10 mètres sous la surface, une grande partie de la lumière rouge est absorbée, donnant une couleur terne à de nombreuses créatures.

▲ Les écailles brillantes du thon réfléchissent la lumière du Soleil tandis qu'ils foncent d'un côté à l'autre, afin de perturber leurs prédateurs.

▶ Les tortues vertes vont à la surface pour respirer puis plongent pour se nourrir de plantes marines.

13 La lumière solaire fournit l'énergie nécessaire à la croissance de toutes les plantes. Les plantes marines, comme les algues, se servent de la lumière pour fabriquer de la nourriture à partir du dioxyde de carbone et de l'eau, au cours d'un processus appelé photosynthèse. Les plantes produisent aussi de l'oxygène, le gaz que nous respirons, sans lequel il n'y aurait pas de vie dans les océans.

◀ Les plantes marines comprennent les algues et le phytoplancton.

◀ Les manchots empereurs peuvent rester sous l'eau 20 minutes d'affilée pour chasser des poissons.

INCROYABLE !

Six milliards de tonnes de phytoplancton sont générées chaque année, produisant la moitié de l'oxygène de notre atmosphère. Sans lui, il n'y aurait presque aucune vie animale, que ce soit dans les océans ou sur Terre.

14

La plupart des plantes marines sont presque invisibles. On les regroupe sous le nom de phytoplancton et elles sont si petites qu'il faut un microscope pour les voir. Le phytoplancton est à la base d'une chaîne alimentaire qui soutient presque l'ensemble de la vie océanique. Il est mangé par les animaux microscopiques (le zooplancton) et par des animaux plus gros.

15

La zone littorale, lumineuse et riche en nourriture, constitue un habitat très vivant. Les nuées de plancton y servent de nourriture aux poissons, tels que les anchois et les sardines, qui, à leur tour, seront mangés par de plus gros animaux, comme les requins. Même les oiseaux, tels que les pélicans et les pingouins, pénètrent dans cet habitat pour se saisir de leur nourriture.

16

La plupart des animaux nageant dans la zone littorale peuvent plonger vers le fond pour échapper à leurs prédateurs. À environ 200 mètres de profondeur, presque toute la lumière a été absorbée et l'obscurité commence à régner.

▼ Les coraux des eaux chaudes ont besoin de lumière pour vivre. Ils construisent des récifs dans la zone littorale.

La zone crépusculaire

17 La zone crépusculaire est comprise entre 200 et 1 000 mètres de profondeur. Suffisamment de lumière y pénètre pour que les animaux puissent voir et être vus. Prédateurs et proies y mènent un combat incessant pour leur survie.

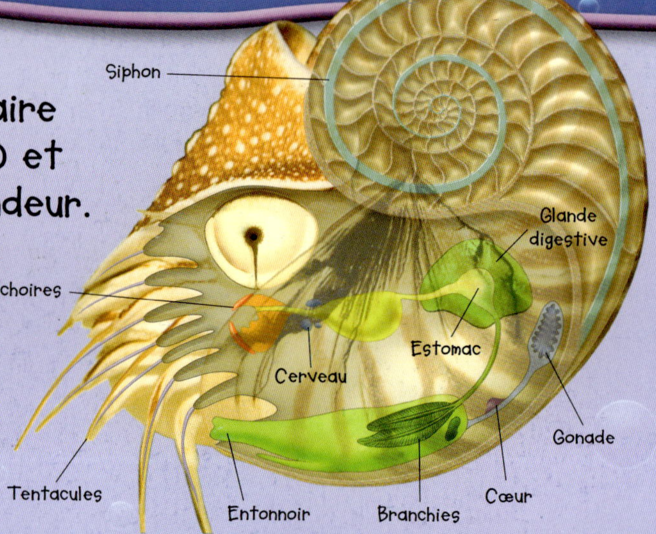

▲ Le nautile remplit les loges de sa coquille d'eau ou d'air par un tube nommé « siphon ». Comme les pieuvres et les poulpes, le nautile se propulse en expulsant de l'eau à travers son entonnoir.

18 Le nautile peut nager, flotter et se déplacer sur toute la hauteur de la zone crépusculaire. Il vit dans la dernière loge de sa coquille, les loges internes étant remplies de gaz ou de liquide. En introduisant du gaz dans les loges, le liquide est expulsé : le nautile s'allège et flotte. À l'inverse, lorsque le gaz est remplacé par du liquide, le nautile coule.

19 Les grands cachalots au corps massif plongent dans la zone crépusculaire pour chasser des calmars. Ils peuvent descendre jusqu'à 1 000 mètres et retenir leur respiration pendant 90 minutes. On a enregistré la plongée d'un grand cachalot à 3 000 mètres de profondeur et il nageait à une vitesse de 4 mètres par seconde !

◀ Les grands cachalots sont des mammifères, ce qui signifie qu'ils remontent à la surface pour respirer.

◀ Les yeux des poissons de la famille des *Opisthoproctidae* sont très sensibles, ce qui leur permet de repérer leurs proies même s'il y a peu de lumière.

20 Difficile de voir avec des yeux enfoncés dans la tête.

Mais cela importe peu aux poissons de la famille des *Opisthoproctidae* car leur tête est transparente. Ainsi, tandis qu'ils nagent, leurs énormes yeux verts scrutent au-dessus d'eux. Lorsque le poisson repère une proie, il place son corps à la verticale et rentre ses yeux dans sa tête ce qui lui permet de garder sa proie en vue pour aller l'attraper.

▼ Les cténophores nagent à l'aide de sortes de peignes multicolores qui scintillent sous l'effet de la diffraction de la lumière.

21 Dans la zone crépusculaire, les reliefs sont rares ; il y a donc peu de roches auxquelles s'agripper. Aussi, les animaux y évoluant sont pour la plupart des flotteurs et des nageurs.

Nombre d'entre eux ont des formes curieuses, leurs corps étant souvent mous et gélatineux. Les cténophores appartiennent à cette catégorie mais leur corps peut se durcir s'ils contractent leurs muscles. Certains ont de longs tentacules collants pour attraper leurs proies.

▼ Les pennatules s'ancrent sur le fond de la zone crépusculaire et se nourrissent de plancton en l'attrapant à l'aide de leurs branches semblables à des plumes.

VRAI OU FAUX ?

1. Les *Opisthoproctidae* ont une tête transparente.
2. Les grands cachalots peuvent respirer sous l'eau.
3. Les nautiles nagent à l'aide de nageoires.
4. La zone crépusculaire est totalement obscure.

Réponses : 1. Vrai ; 2. Faux ; 3. Faux ; 4. Faux.

Monstres des profondeurs

22 Les calmars géants sont les monstres des profondeurs. Ils peuvent atteindre 15 mètres de long, tentacules compris, et ceux-ci peuvent mesurer jusqu'à 11 mètres. On pense que c'est l'animal pourvu des plus gros yeux car un spécimen ayant des yeux de plus de 40 centimètres de diamètre a été retrouvé !

23 On sait peu de choses sur ces mystérieux calmars géants car ils vivent dans la zone crépusculaire. On suppose qu'ils sont de bons nageurs et que leur acuité visuelle est telle qu'ils peuvent repérer les filets de pêche pour s'en éloigner. Très peu ayant été capturés, les seuls renseignements dont on dispose proviennent de spécimens morts ou de restes trouvés dans l'estomac de grands cachalots.

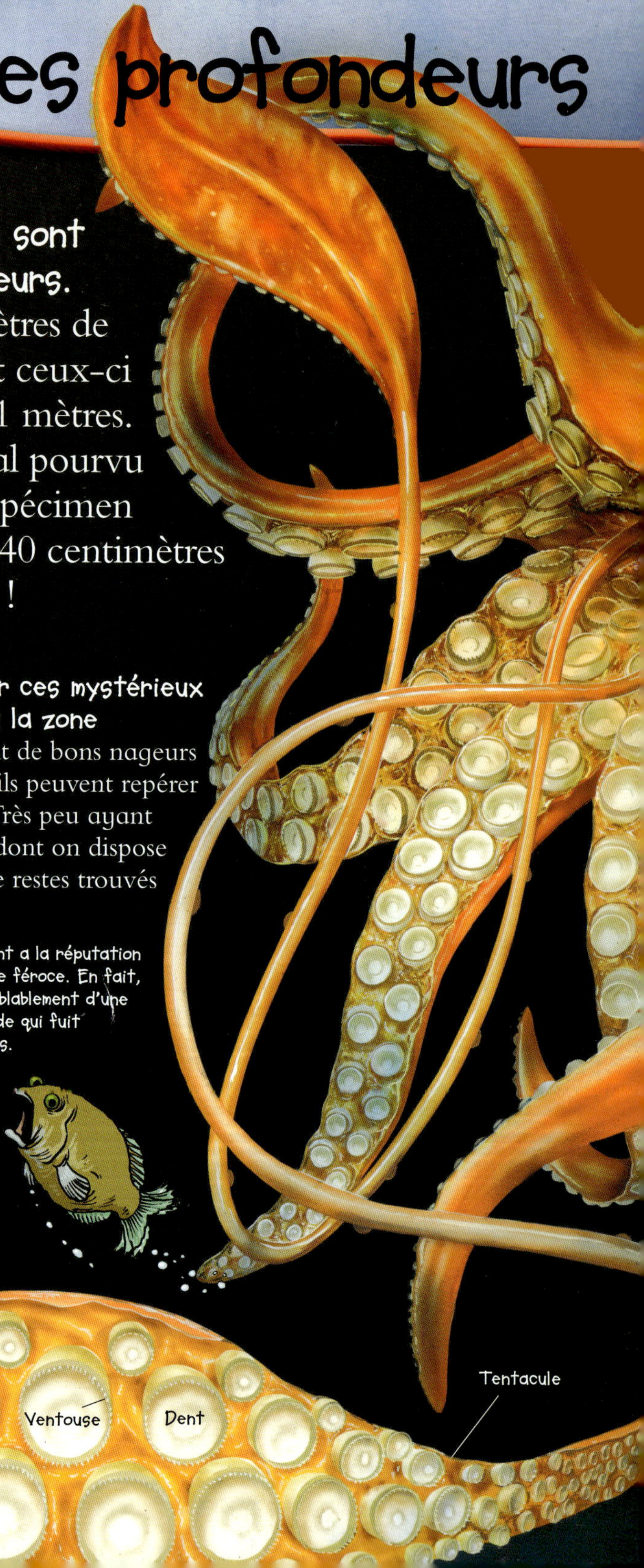

▶ Le calmar géant a la réputation d'être un monstre féroce. En fait, il s'agit vraisemblablement d'une créature timide qui fuit les contacts.

ANIMAUX GÉANTS

Classe ces animaux géants par ordre de taille, du plus grand au plus petit :

Éléphant d'Afrique
Dynaste Hercule
Baleine bleue
Calmar géant

Réponse : baleine bleue, calmar géant, éléphant d'Afrique, dynaste Hercule.

24 On connaît l'existence des calmars géants depuis des centaines d'années. À des époques reculées, les témoignages sur ces animaux étaient souvent étouffés dans l'incrédulité ; aussi, les calmars géants alimentaient mythes et légendes. On craignait que ces créatures coulent les bateaux ou attrapent des personnes sur le pont. Lorsque l'on découvrit des grands cachalots avec des cicatrices causées par les ventouses des calmars géants, on réalisa que ces deux espèces se battaient entre elles.

25 Le calmar géant est un prédateur. On sait peu de choses sur sa façon de vivre mais on suppose que, comme les autres calmars, il chasse des poissons, des poulpes et des calmars plus petits. Ses tentacules musclés sont pourvus de ventouses géantes munies de dents qui peuvent saisir et maintenir une proie qui se débat.

▶ L'œil du calmar géant a un diamètre supérieur à celui de la tête d'un humain.

La zone sombre

26 En deçà de 1 000 mètres, aucune lumière ne pénètre. Si loin des rayons du Soleil, un froid extrême règne et la pression est telle qu'elle peut broyer les os en raison du poids phénoménal des masses d'eau supérieures. Il s'agit de la zone sombre, qui descend jusqu'à 4 000 mètres sous la surface des océans.

▲ Le poisson ogre, aux airs féroces, nage jusqu'à une profondeur de 5 000 mètres, dans la zone abyssale, où il poursuit ses proies.

27 Il neige dans la zone sombre ! Cette « neige sous-marine », qui descend vers le fond, se compose de milliards de particules : ce sont les déjections des animaux du dessus ainsi que des cadavres végétaux et animaux. Souvent, les petits flocons se rassemblent ; devenus plus gros et plus lourds, ils peuvent descendre de 200 mètres par jour. La neige sous-marine est une source de nourriture importante pour des milliards de créatures des fonds marins.

INCROYABLE !

L'empereur, de couleur rouge-orangé, vit en profondeur dans des zones où il paraît noir si un rayon de lumière l'atteint. On estime qu'il s'agit du poisson vivant le plus longtemps : jusqu'à 160 ans !

28 Le poisson ogre n'est pas aussi effrayant qu'il en a l'air : bien que doté d'énormes dents, il ne mesure que 15 centimètres de longueur. Ce poisson possède une mauvaise vue mais, dans la zone sombre, les autres sens sont tout aussi utiles : ainsi, il est capable de détecter de faibles mouvements dans les eaux environnantes et de les suivre afin de trouver sa proie.

29 Le requin du Groenland vit sous la glace de l'Arctique, jusqu'à 2 000 mètres de profondeur, ce qui explique que l'on sait peu de choses sur lui. Presque tous les requins du Groenland sont aveugles à cause de minuscules parasites qui abîment leurs yeux. En revanche, leur excellent odorat les aide à se nourrir : il leur permet de sentir la chair en décomposition des animaux morts. Ils chassent également des phoques et d'autres requins.

▲ Le requin du Groenland peut atteindre 7 mètres de long. Il vit dans l'Arctique et nage souvent près des rivages, mais il présente peu de danger pour les humains.

▼ L'isopode géant est un crustacé vivant dans la zone sombre. Il est apparenté aux crabes, aux crevettes, aux langoustes et aux cloportes et peut atteindre 50 centimètres de longueur. L'isopode possède de longues antennes qui l'aident à trouver son chemin dans l'obscurité.

30 L'isopode géant est une étrange créature rampante ressemblant à un énorme cloporte. Son corps est protégé par une cuticule dure, et il peut s'enrouler en boule sur lui-même en cas d'attaque. Il vit sur le fond océanique et se nourrit d'animaux au corps mou.

La zone abyssale

▼ La zone abyssale désigne le fond marin. Elle est constituée de montagnes, de volcans, de tranchées et de plaines boueuses.

31 Sous la zone sombre, commence la zone abyssale, encore nommée « abysse », qui s'étend de 4 000 à 6 000 mètres de profondeur. Un tiers des fonds océaniques se trouve dans la zone abyssale : ils s'étendent comme une plaine géante là où le talus continental se termine.

32 Les plaines abyssales sont constituées de montagnes, ou « monts sous-marins », de fosses et de vallées. La plupart des monts sous-marins sont des volcans submergés : on estime que les océans de la planète en contiennent environ 30 000. Leurs versants sont à pic, entraînant l'eau vers le haut selon un processus nommé « remontée d'eau ». Ce courant introduit de la nourriture dans cette zone, ce qui expliquent que de nombreux animaux en ont fait leur habitat.

33 On trouve peu de nourriture dans la majeure partie des eaux abyssales. Aussi, les animaux comptent sur la neige sous-marine, qui met parfois plusieurs mois à tomber de la surface, ou ils chassent d'autres créatures des profondeurs. La plupart sont des charognards : ils se nourrissent de cadavres d'animaux ou de matière organique morte. En cas de pénurie, ces créatures bougent peu afin d'économiser leur énergie.

◄ L'ophiure panier peut survivre dans les abysses. Chacun de ses bras se termine en nombreux filaments entortillés et emmêlés afin d'attraper les particules de neige sous-marine.

▼ Il y a 30 à 35 espèces de myxines dans le monde. Leur corps, semblable à celui d'une anguille, compte quatre cœurs mais pas de colonne vertébrale.

INCROYABLE !

Les concombres de mer sont des animaux des abysses en forme de saucisse, appréciés pour leur saveur dans certaines régions du monde.

34 **Le concombre de mer est un animal invertébré, au corps mou, à la peau rugueuse, possédant un cercle de tentacules autour de la bouche.** Il se nourrit de plancton, de détritus et de matière organique. Il possède une drôle de particularité : lorsqu'il se sent en danger, le concombre de mer dégage des toxines dangereuses, voire mortelles, pour la plupart des créatures marines.

35 **Le grenadier est le poisson le plus courant de la zone abyssale.** Il en existe environ 300 espèces et les scientifiques estiment la population d'une seule de ces espèces à 20 milliards d'individus : c'est plus de trois fois la population humaine !

▼ Les grenadiers sont des poissons mal connus. On sait à présent qu'ils vivent vieux, plusieurs dizaines d'années, et que leur croissance est lente. Ils se nourrissent de crevettes, de mollusques et de poissons de petites tailles. Ici, ils grouillent autour d'une cage d'appât près du submersible *Mir I*.

Les éponges des abysses

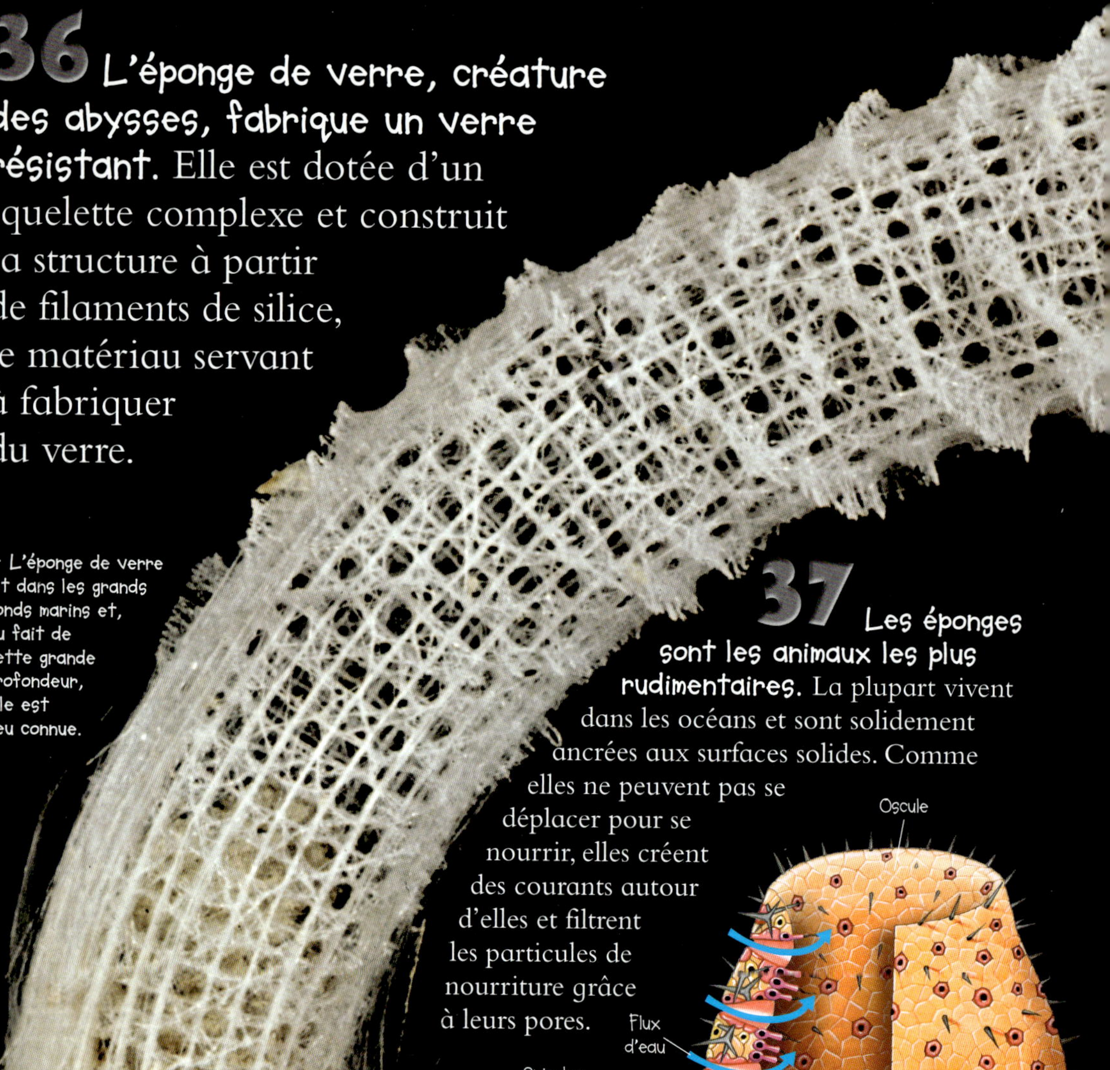

36 L'éponge de verre, créature des abysses, fabrique un verre résistant. Elle est dotée d'un squelette complexe et construit sa structure à partir de filaments de silice, le matériau servant à fabriquer du verre.

▶ L'éponge de verre vit dans les grands fonds marins et, du fait de cette grande profondeur, elle est peu connue.

37 Les éponges sont les animaux les plus rudimentaires. La plupart vivent dans les océans et sont solidement ancrées aux surfaces solides. Comme elles ne peuvent pas se déplacer pour se nourrir, elles créent des courants autour d'elles et filtrent les particules de nourriture grâce à leurs pores.

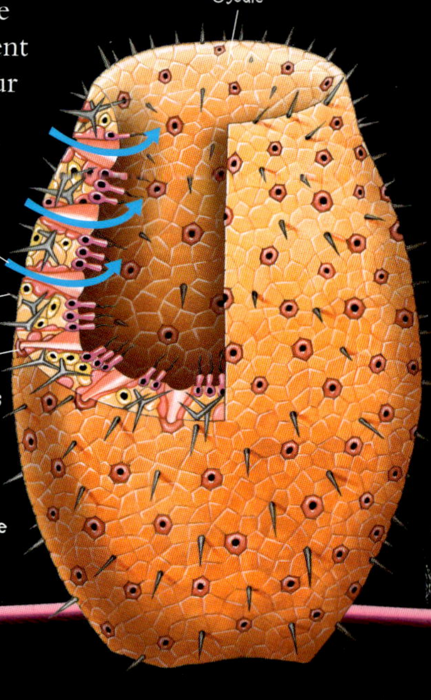

▶ Des cellules près des pores sont dotées d'une sorte de queue qu'elles activent pour brasser l'eau et d'une collerette qui capture la nourriture. L'eau, débarrassée de la nourriture, ressort à travers l'oscule.

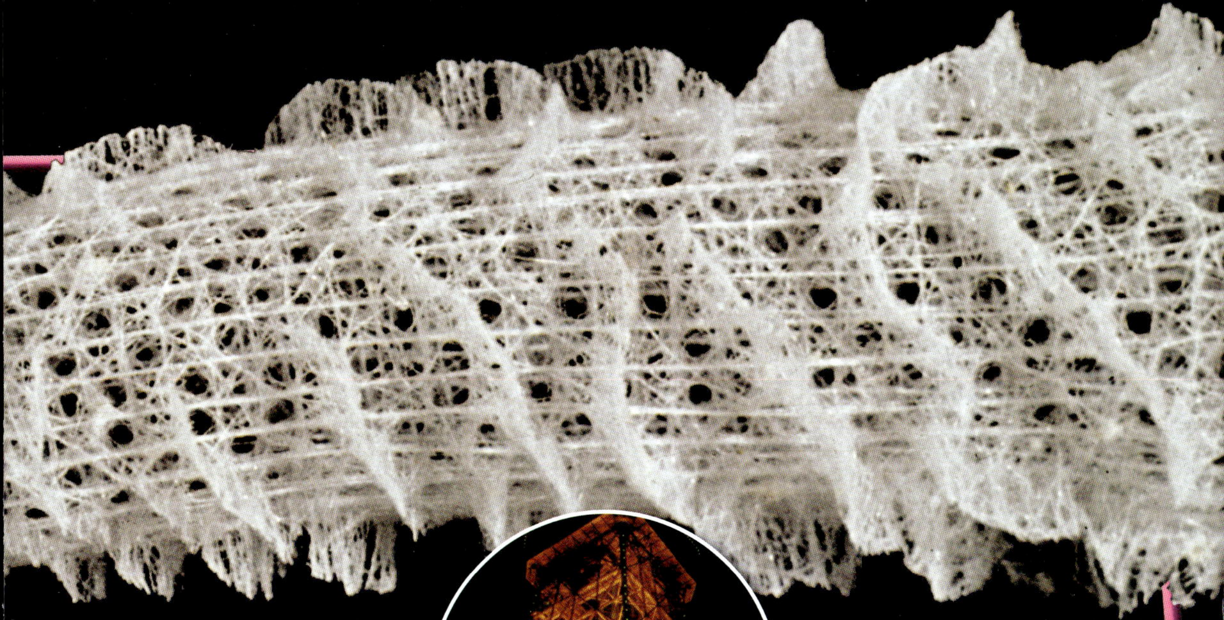

◀ L'éponge de verre doit sa résistance à sa structure en treillis. La Tour Eiffel, à Paris, possède une structure similaire.

38 **Les éponges ne possèdent ni membres, ni tissus ni aucun organe différencié.** Il s'agit plutôt d'un ensemble organisé de cellules. Leur corps, dépourvu d'os, est soutenu par une structure constituée de matériaux robustes comme la silice. Des ingénieurs s'inspirent de la structure solide de ces créatures afin d'améliorer la conception des bâtiments.

39 **L'éponge de verre bâtit sa structure en entrelaçant des filaments de silice, de l'épaisseur d'un cheveu humain.** Cette construction donne à l'éponge une grande résistance : elle peut ainsi endurer la pression marine à des profondeurs de plus de 5 000 mètres.

40 **Dans l'obscurité, l'éponge émet des lumières de couleurs vives autour de son pied.** Les petites créatures curieuses, attirées par ces couleurs lumineuses, sont alors entraînées dans l'éponge par les courants d'eau et sont mangées...

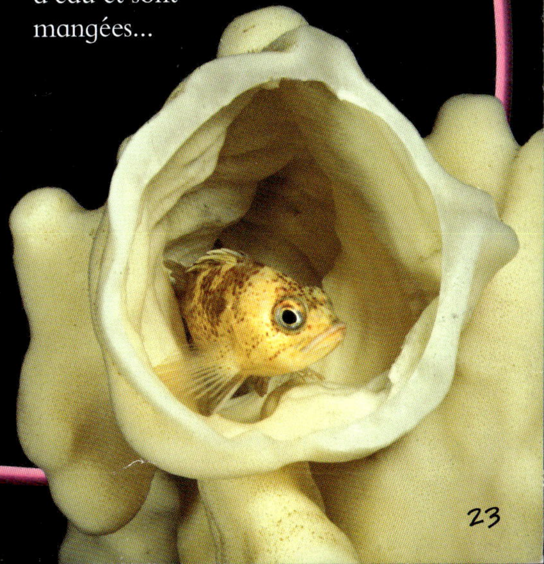

▶ L'éponge Cloud, de la famille des éponges de verre, constitue un refuge sûr pour les petits animaux des profondeurs.

La zone hadale

41 En quelques endroits, les océans plongent dans des fosses de plus de 6 000 mètres. Il s'agit de la zone hadale, qui tire son nom du dieu grec Hadès, le maître des Enfers : un nom parfait pour le plus sombre et le plus mystérieux des habitats.

▲ L'Everest, la plus haute montagne de la Terre, pourrait se situer parmi les huit fosses les plus profondes.

42 La fosse des Mariannes, dans l'océan Pacifique, est la fosse océanique la plus profonde actuellement connue : elle descend à 11 034 mètres. Mesurant 2 550 kilomètres de long et 70 kilomètres de large, cette fosse s'est créée il y a des millions d'années lors de la collision de deux énormes plaques de la croûte terrestre.

43 Les scientifiques en savent très peu sur les animaux vivant dans la zone hadale. En effet, prélever des créatures des profondeurs est problématique car leur corps est adapté aux fortes pressions de l'eau. Aussi, en les remontant à la surface, la pression baisse et ils meurent.

▶ Les poissons liparidae prospèrent dans les eaux les plus profondes des océans, à plus de 7000 mètres de profondeur. Leur tête et leur corps imposants s'effilent en une queue mince.

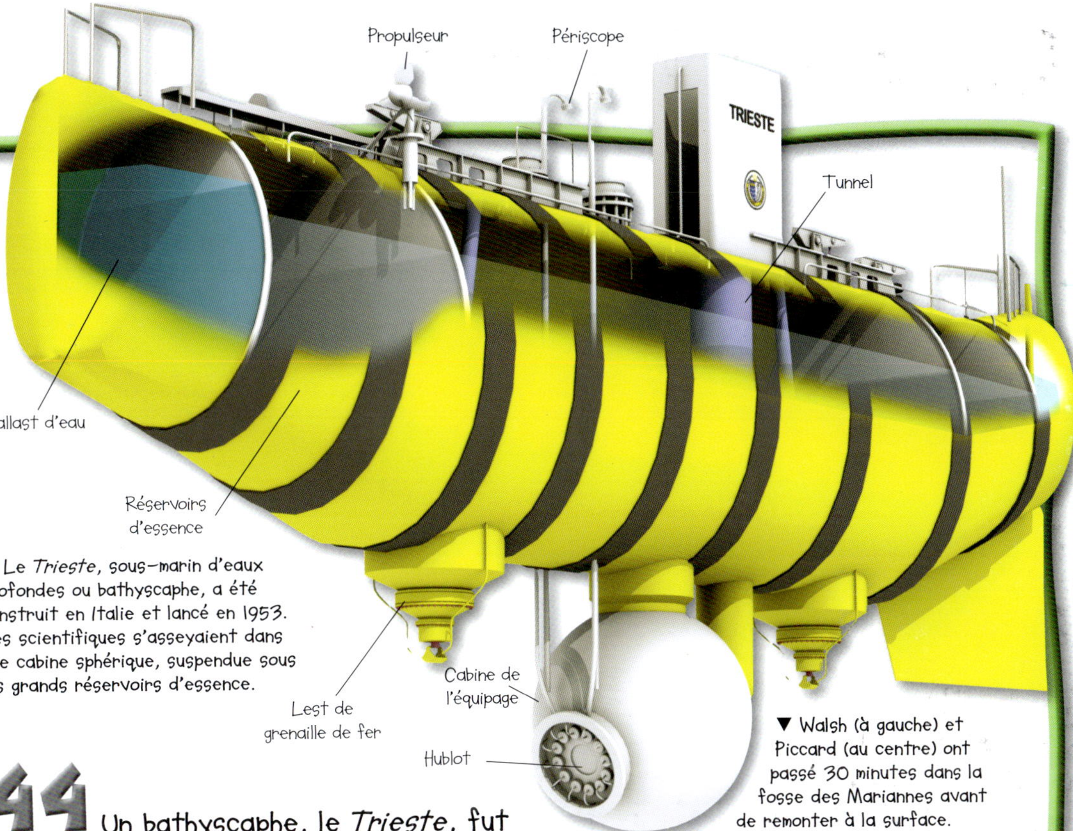

▶ Le *Trieste*, sous-marin d'eaux profondes ou bathyscaphe, a été construit en Italie et lancé en 1953. Les scientifiques s'asseyaient dans une cabine sphérique, suspendue sous les grands réservoirs d'essence.

44 **Un bathyscaphe, le *Trieste*, fut construit dans les années 1950 pour plonger dans la zone hadale.** En 1960, les explorateurs Jacques Piccard et Don Walsh y prirent place et commencèrent l'un des voyages les plus périlleux jamais entrepris. Il leur fallut cinq heures pour descendre à 10 916 mètres dans la fosse des Mariannes, où ils constatèrent la présence d'une vie évoluée. Plus tard, des crustacés, comme les amphipodes, furent prélevés à des profondeurs de 10 500 mètres.

▼ Walsh (à gauche) et Piccard (au centre) ont passé 30 minutes dans la fosse des Mariannes avant de remonter à la surface.

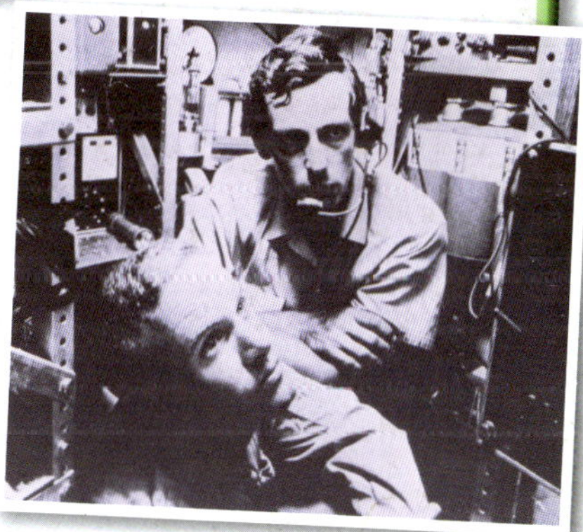

CURIEUSES CRÉATURES

Dessine ta créature de la zone hadale ! Comment sera-t-elle ? De couleur sombre, avec de petits yeux, voire aucun, et très laide... Pense à ajouter des organes lui permettant de sentir ce qui l'entoure dans cet obscur habitat.

45 **On pense que le poisson vivant dans les plus grandes profondeurs appartient à la famille *Abyssobrotula*.** L'un d'eux, l'*Abyssobrotula galatheae*, a été capturé en 1970 à une profondeur de 8 370 mètres dans la fosse de Puerto Rico. Le poisson, remonté à la surface par les scientifiques, n'a pas survécu au voyage.

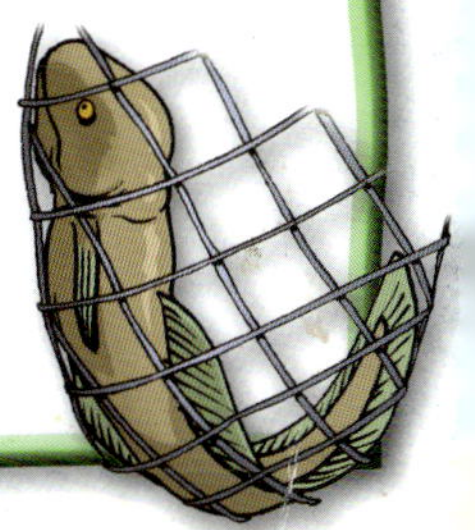

Boue et vase

46 Les cadavres des créatures marines finissent par être mangés ou emportés vers le fond. Composant l'essentiel de la neige sous-marine, ces restes se transforment en sédiments, formant des couches de vase boueuse pouvant atteindre 450 mètres d'épaisseur !

47 La plupart des créatures vivant dans les fonds marins sont des charognards. Une baleine morte nourrit des millions d'autres animaux, notamment les amphipodes et les copépodes, semblables à des crevettes, ainsi que les vers, les grenadiers ou les myxines.

48 La couche boueuse de la plaine abyssale peut sembler lisse mais un bon observateur y découvre des petits sentiers et des trous. Chaque poignée de boue contient des millions d'animaux microscopiques, les foraminifères et les radiolaires, organismes unicellulaires recouverts d'une coquille dure. Lorsqu'ils meurent, leur coquille se dissout dans la vase boueuse.

LÉGENDE

1. Crabes, myxines, amphipodes, grenadiers et requins déchiquètent la chair du cadavre.
2. Puis les vers le colonisent, profitant des sédiments enrichis.
3. Enfin, les os de la baleine produisent des sulfures, des éléments chimiques dont bactéries et crustacés se régalent.

49 Les plaines abyssales abritent de nombreuses espèces de concombres de mer. Certains s'enfoncent dans la vase tandis que d'autres peuvent nager. La plupart se déplacent sur les fonds marins, attrapant toute la nourriture qu'ils peuvent trouver.

▼ 100 ans s'écoulent avant qu'une carcasse de baleine ne soit entièrement consommée. Des centaines d'espèces d'animaux se nourrissent et vivent de la carcasse à différentes étapes de sa décomposition.

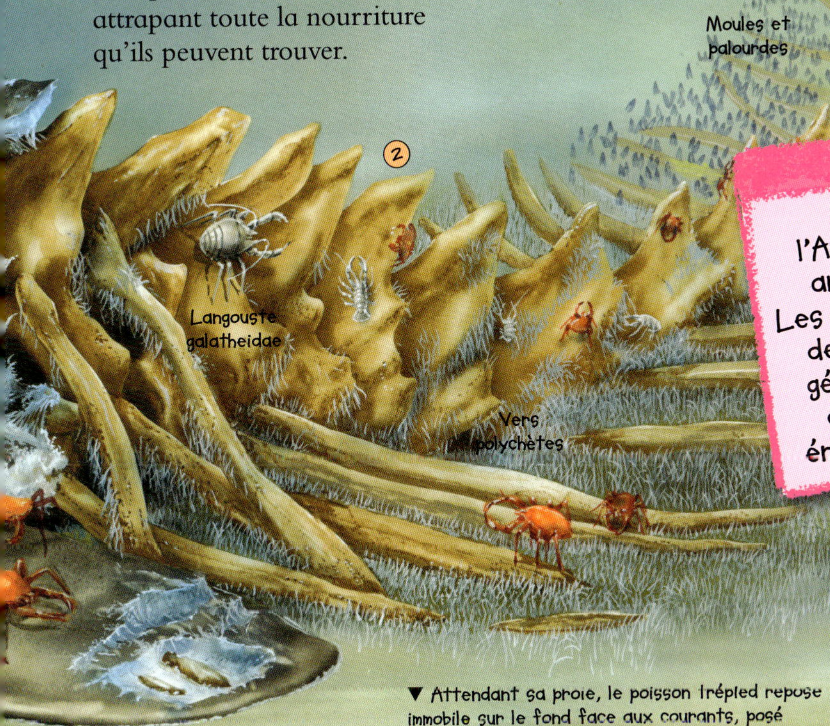

INCROYABLE !

Les fonds marins de l'Antarctique abritent des animaux surdimensionnés. Les scientifiques y ont trouvé des araignées et des vers géants, des poissons dotés d'yeux ou de membres énormes !

▼ Attendant sa proie, le poisson trépied repose immobile sur le fond face aux courants, posé sur les rayons allongés de ses nageoires tel un échassier.

50 Le poisson trépied possède, sur ses nageoires, trois longs pieds, qu'on appelle des rayons. Il les utilise pour se surélever et se maintenir dans un courant accru. Bien que presque aveugle, il peut ressentir les vibrations des animaux proches de lui.

Chaleur des profondeurs

51 **Les fonds sous-marins sont généralement des endroits froids, où les animaux luttent pour survivre.** Mais, dans certaines zones, l'eau chauffe à des températures de 400°C et la vie y prospère.

52 **Sous la surface de la Terre, se trouve une couche de roche brûlante, semi-liquide, appelée « magma ».** À certains endroits, le magma est proche du fond océanique : l'eau va alors chauffer, après s'être infiltrée dans les fissures des rochers (les évents hydrothermaux). En remontant vers le fond océanique, l'eau dissout les minéraux des roches et jaillit, comme une fontaine, à travers un évent.

53 **Les évents hydrothermaux ont été découverts dans l'océan Pacifique dans les années 1970.** Depuis, d'autres ont été trouvés dans les océans Atlantique, Indien et Arctique. La plus grande zone d'évents hydrothermaux se situe près de la dorsale médio-atlantique : elle est de la taille d'un terrain de football.

▼ Les minéraux de l'eau produisent des nuages noirs, semblables à de la fumée. Ces évents, surnommés les « fumeurs noirs », construisent au fil du temps des structures rocheuses, ou « cheminées », qui peuvent atteindre la hauteur d'un immeuble de 15 étages.

54 Certains évents hydrothermaux abritent des créatures microscopiques, tandis que d'autres hébergent des colonies de patelles, de crevettes, d'étoiles de mer et de vers tubicoles, qui survivent dans l'obscurité. Ces créatures vivent et grandissent grâce aux minéraux contenus dans l'eau surchauffée des évents.

▲ Les évents hydrothermaux appelés « fumeurs blancs » rejettent des eaux plus froides et des minéraux différents de ceux libérés par les fumeurs noirs.

55 Les vers tubicoles des évents, pouvant atteindre 2 mètres de long, vivent sans rien manger. Ancré au fond marin, chaque ver est protégé par le tube dans lequel il vit. Un panache rouge au sommet recueille l'eau de mer, riche en minéraux qui atteignent les bactéries du corps du ver pour être transformés en nutriments.

◀ Les bactéries, présentes à l'intérieur du ver tubicole, transforment les minéraux en nourriture, dont le ver a besoin pour survivre.

SOUS PRESSION

Il te faut :
une brique de lait vide,
du ruban adhésif.

Avec l'aide d'un adulte, perce quatre trous sur le côté de la brique de lait vide, les uns au-dessus des autres. Recouvre ces trous de ruban adhésif et remplis la brique d'eau. Au dessus d'un bol, enlève le ruban adhésif. L'eau sortira plus vite par le trou du bas car c'est là que s'exerce le plus de pression.

Le corail d'eau profonde

56 **Au fond des océans glacés, les polypes coralliens, de minuscules créatures, construisent d'immenses récifs.** Ces récifs des eaux froides, les plus répandus, ne constituent pas des habitats aussi riches que les récifs des eaux chaudes et peu profondes qui, eux, attirent une grande diversité de vie.

57 **Les coraux sont faits de petits animaux – les polypes – qui ressemblent à des tubes surmontés d'une couronne de tentacules.** Les polypes se nourrissent des particules qu'ils filtrent dans l'eau et disposent de tentacules qui peuvent relâcher des cellules urticantes.

INCROYABLE !

La pollution de l'eau et de l'air, notamment par le dioxyde de carbone, rend les océans plus acides, ce qui empêche les polypes de développer leur squelette calcaire.

58 **Les polypes coralliens peuvent fabriquer une petite coupe de calcaire dans laquelle ils se réfugient durant la journée.** Avec le temps, ces coupes de calcaire se rassemblent et grandissent pour former un récif, scellées par un ciment fait de sable, de vase et d'autres particules.

▲ Un spécimen de corail bambou est transporté avec soin depuis les profondeurs à bord d'une caisse spéciale fixée à un submersible.

▼ Le corail des eaux froides crée un habitat spécial dans lequel d'autres animaux peuvent trouver de la nourriture et s'abriter. Un groupe d'êtres vivants qui dépend d'un habitat comme celui-ci s'appelle un écosystème.

59 **Le Lophelia est l'espèce de polype corallien d'eau froide la plus courante dans l'océan Atlantique.** Un récif peut s'étendre sur 2 000 kilomètres carrés et abriter des animaux divers comme les langoustes galatheidae, les crabes-araignées et les poissons, notamment les bébés (les larves).

60 **D'autres écosystèmes d'eaux froides ont été découverts au fond des océans.** En 1987, des ingénieurs effectuant des forages de pétrole dans le golfe du Mexique ont trouvé des suintements froids (des fissures où des gaz s'échappent entre les rochers) qui abritent une vie animale. Cet écosystème repose sur la chimiosynthèse : les bactéries, se nourrissant des gaz, seront mangées par des animaux qui seront à leur tour dévorés par les crabes, le corail, les vers et les poissons.

En déplacement

61 Les animaux présents dans les océans ont des modes de déplacement bien particuliers. Certains flottent ou dérivent, l'eau les rendant 50 fois moins lourds que s'ils étaient dans l'air. Les courants jouent également un rôle en apportant de la nourriture aux animaux ancrés sur le fond, ou en emmenant les animaux vers la nourriture.

◄ Le papillon de mer ou clione est un mollusque marin. Il nage lentement dans l'eau en battant de ses « ailes », ou flotte dans les courants.

▼ Cette anémone tube, fixée au fond sous-marin, est incapable d'échapper au nudibranche géant qui l'attaque (en bas).

62 Les animaux emportés par les courants sous-marins doivent suivre les flots, à moins d'être d'excellents nageurs. L'eau étant dense et lourde, nager coûte 830 fois plus d'énergie que rester immobile ! Les animaux minuscules du zooplancton, piètres nageurs, sont pris dans les courants et dérivent jusqu'à en être libérés.

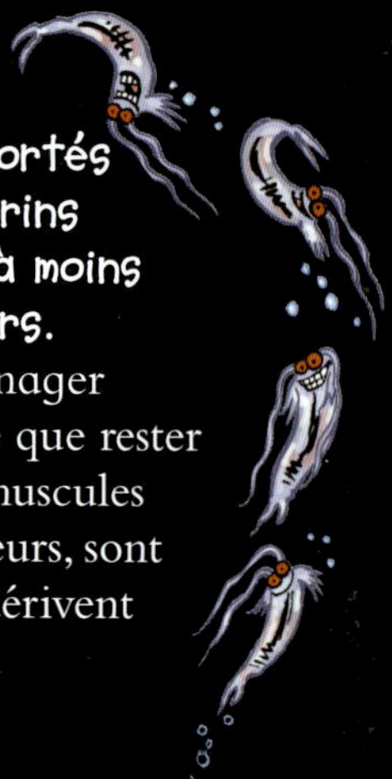

63 De nombreux animaux marins ne peuvent pas se déplacer. Ancrés au fond océanique, ils restent immobiles, attendant que la nourriture vienne à eux. Ces animaux, tels que les lys de mer et les anémones tubes, ont des bras qu'ils utilisent pour filtrer l'eau de mer et recueillir des particules de nourriture.

64 Chaque nuit, des milliards d'animaux entreprennent un long voyage.

Ils remontent vers la zone littorale pour se nourrir, puis retournent dans les grands fonds le matin. On appelle ce mouvement de masse la migration verticale : il s'agit du plus important déplacement animal terrestre.

65 Le poisson lanterne est un incroyable voyageur des océans.

Le champion est le *Ceratoscopelus warmingii* qui vit à une profondeur de 1 800 mètres pendant la journée. La nuit, il remonte jusqu'à une profondeur de 100 mètres pour se nourrir et éviter les prédateurs, puis il redescend. Pour un humain, cela équivaudrait à courir trois marathons par jour !

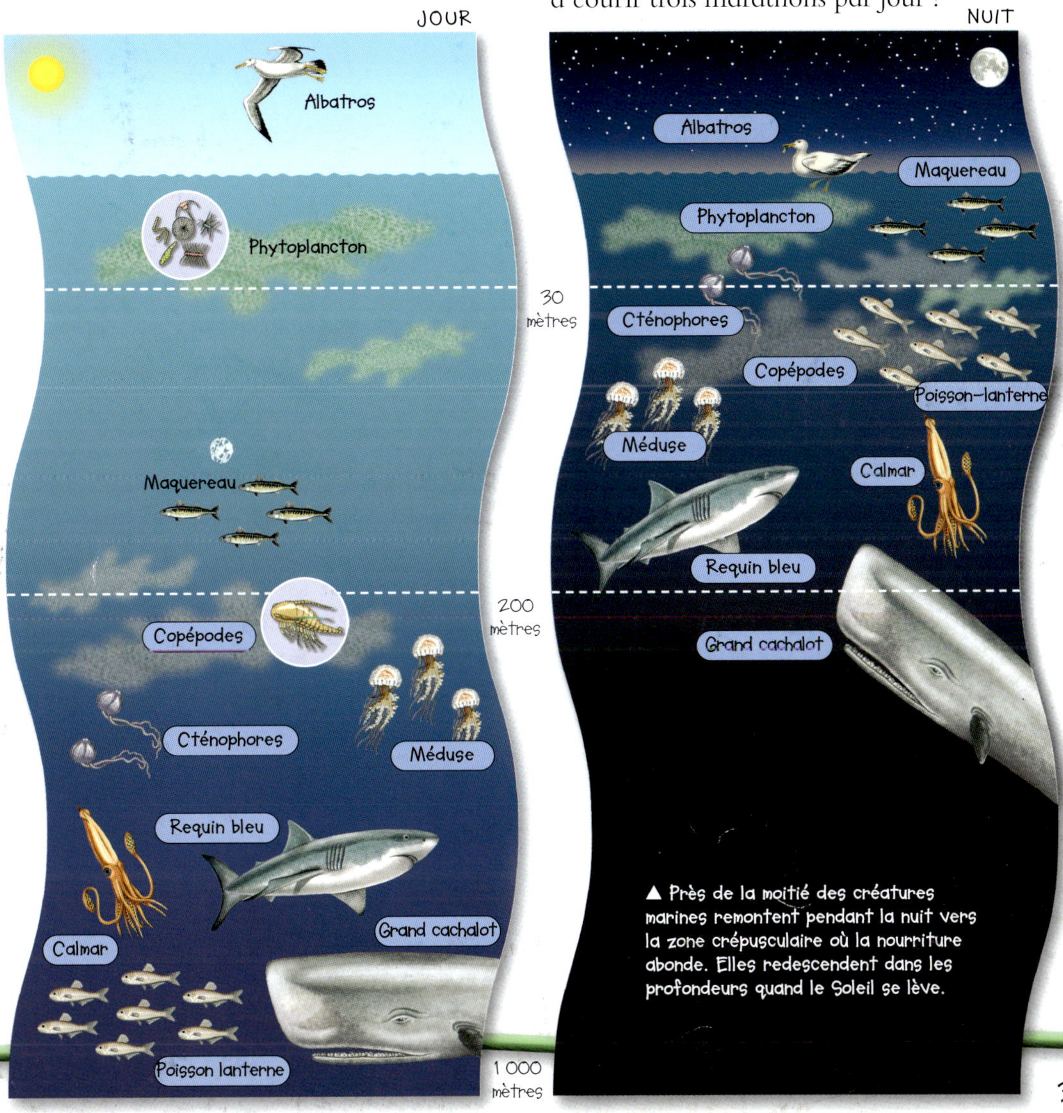

▲ Près de la moitié des créatures marines remontent pendant la nuit vers la zone crépusculaire où la nourriture abonde. Elles redescendent dans les profondeurs quand le Soleil se lève.

Respirer et plonger

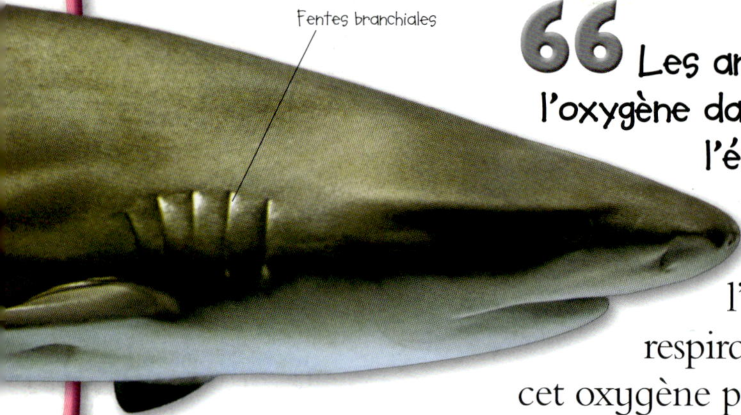

▲ Lorsqu'un requin nage, de l'eau entre par sa bouche, traverse ses branchies où l'oxygène est absorbé, puis ressort par les fentes branchiales.

66 Les animaux absorbent l'oxygène dans leur corps pour libérer l'énergie apportée par l'alimentation. Respirer signifie « absorber l'oxygène » et la respiration consiste à utiliser cet oxygène pour libérer de l'énergie. La plupart des animaux marins sont adaptés de manière à pouvoir absorber l'oxygène dissous dans l'eau de mer.

FABRIQUE UNE VESSIE NATATOIRE

Gonfle un ballon. Il est alors rempli de gaz, comme une vessie natatoire. Mets ce ballon dans un récipient rempli d'eau : il ne coule pas. On peut donc déterminer la fonction de la vessie natatoire : permettre aux poissons de flotter.

67 De la même manière que nos poumons absorbent l'oxygène de l'air, les branchies des poissons absorbent l'oxygène présent dans l'eau. La plupart des créatures marines possèdent aussi une vessie natatoire qui les aide à supporter le changement de pression à mesure qu'ils nagent vers les profondeurs. Une vessie natatoire est un sac rempli d'air et de gaz qui se gonfle lorsque le poisson remonte et se vide lorsqu'il descend. Bien que pourvus de branchies, les poissons des profondeurs n'ont pas de vessie natatoire, car l'énorme pression les écraserait.

◄ Les cétacés, comme cet orque, viennent respirer à la surface. Ils disposent d'un ou de deux évents sur le dessus de leur tête. Ceux-ci, semblables à des narines, permettent à l'air d'entrer dans le corps. L'air respiré, contenu dans les poumons, ressort par un évent et crée un jet d'eau.

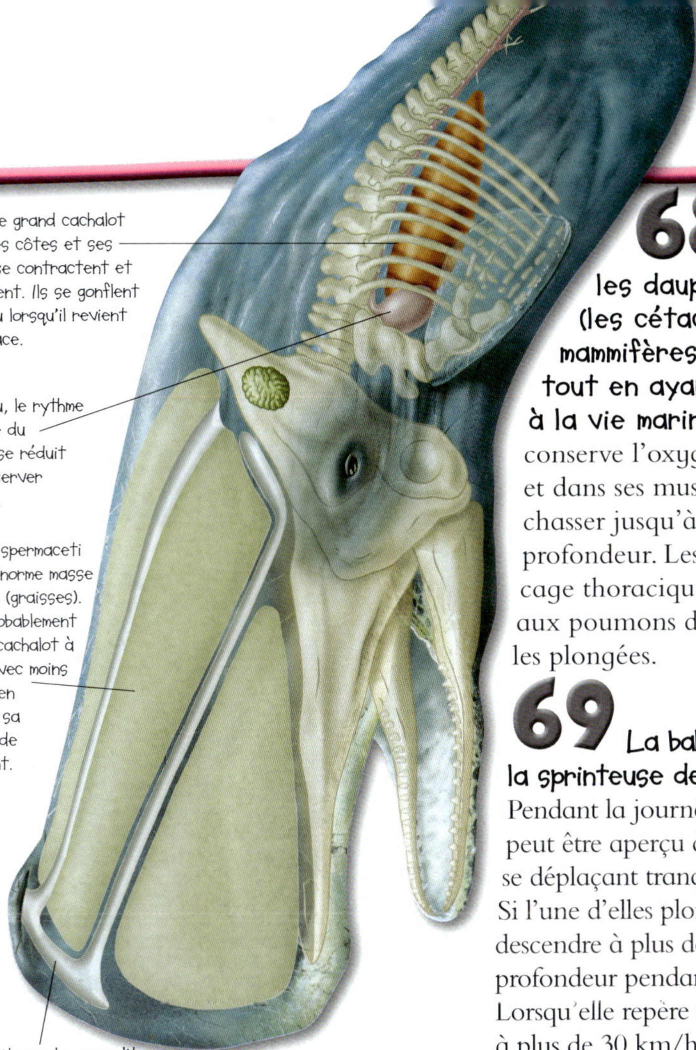

▲ Le grand cachalot mâle peut plonger jusqu'à 3 kilomètres de fond et rester sous l'eau pendant 90 minutes pendant qu'il chasse les calmars géants.

68

Les phoques, les dauphins et les baleines (les cétacés) sont des mammifères respirant de l'air, tout en ayant un corps adapté à la vie marine. Le grand cachalot conserve l'oxygène dans son sang et dans ses muscles, afin de descendre chasser jusqu'à 3 000 mètres de profondeur. Les cétacés ont une cage thoracique souple qui permet aux poumons de rétrécir pendant les plongées.

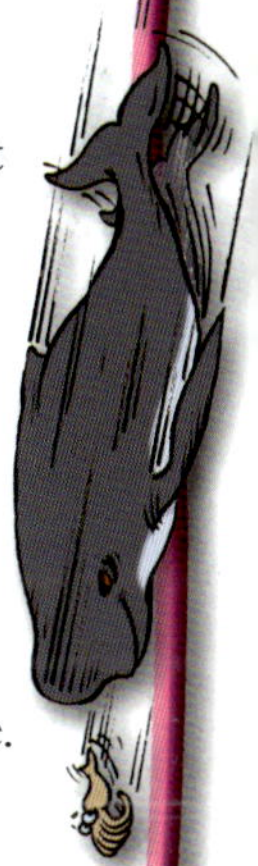

69

La baleine-pilote est la sprinteuse des profondeurs ! Pendant la journée, ce prédateur peut être aperçu à la surface de l'eau, se déplaçant tranquillement en groupe. Si l'une d'elles plonge, elle peut descendre à plus de 1 000 mètres de profondeur pendant plus de 15 minutes ! Lorsqu'elle repère une proie, elle peut nager à plus de 30 km/h et maintenir cette vitesse de pointe sur plus de 200 mètres !

▼ La plupart des vers sous-marins possèdent des branchies plumeuses qui filtrent l'oxygène de l'eau. Mais certains, dépourvus de branchies, absorbent directement l'oxygène à travers leur peau.

70

Les créatures simples ne disposent pas d'organes spécifiques pour respirer. Elles absorbent alors l'oxygène présent dans l'eau à travers leur peau. À partir de 700 mètres, le taux d'oxygène est presque inexistant mais il augmente à nouveau à de plus grandes profondeurs.

Une lueur dans l'obscurité

71 Les animaux des profondeurs créent leur propre lumière pour attirer les proies, un partenaire ou désorienter les prédateurs. On appelle ce phénomène la bioluminescence et il est créé par des organes nommés les photophores. Généralement, ils produisent de la lumière bleue, mais certains animaux émettent de la lumière verte, rouge ou jaune.

◀ L'éperlan du large produit sa propre lumière. Dans l'obscurité, ses yeux luisent d'une couleur verte.

▶ Les photocytes sont les cellules qui produisent de la lumière à l'intérieur d'un photophore.

◀ Le poisson vipère possède des rangées de photophores de chaque côté du ventre, favorisant le rapprochement des sexes au moment de la reproduction.

72 Le poisson hachette se fait discret dans la zone crépusculaire ! Son corps très fin est recouvert d'une couleur argentée et de photophores dirigés vers le bas. Dans la lumière plongeante de la zone crépusculaire, il devient quasiment invisible, empêchant les prédateurs, lorsqu'ils se trouvent en-dessous de lui, de le voir.

73 La femelle du poisson lanterne utilise ses photophores pour trouver sa nourriture et un partenaire. Une sorte de canne à pêche, située sur sa tête, se termine par des photophores contenant des millions de cellules luminescentes. La femelle attire ses proies en faisant des va-et-vient avec sa lanterne. Cet appât luminescent lui permet en outre d'attraper un mâle dans ses filets car il est difficile de faire la bonne rencontre dans l'obscurité !

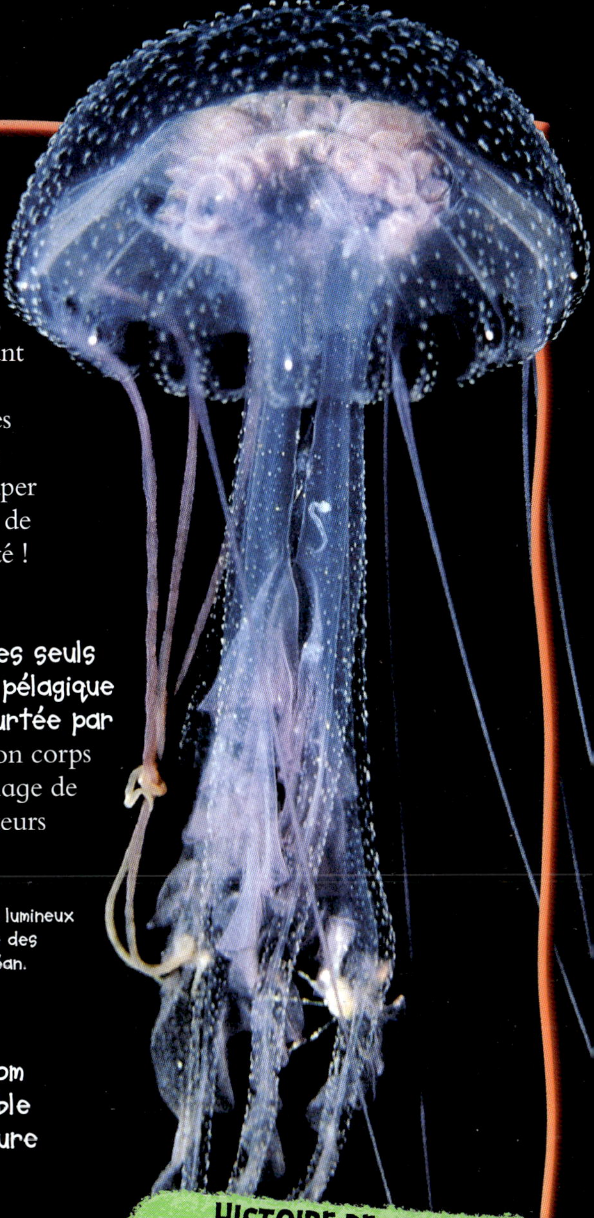

74 Les poissons ne sont pas les seuls à briller dans l'obscurité. La méduse pélagique brille lorsqu'elle est perturbée ou heurtée par des vagues. Quant au calmar luciole, son corps est couvert de lumières et il produit un nuage de particules brillantes qui distrait les prédateurs tandis qu'il prend la fuite.

▶ La méduse pélagique émet de rapides clignotements lumineux lorsqu'elle perçoit un mouvement dans l'eau ou lorsque des vagues passent au-dessus d'elle à la surface de l'océan.

75 Le vampire des abysses, au nom terrifiant, est en réalité un animal paisible qui vit en suspension, dans la zone obscure des océans. Il possède des yeux énormes et peut produire de la lumière sur tout son corps à tout moment. Capable de contrôler sa bioluminescence, il produit des flashs de lumière afin de dérouter ses ennemis. Lorsqu'un vampire des abysses se met en chasse, il n'émet aucune lumière afin de surprendre ses proies.

HISTOIRE DES MOTS

Le mot « bioluminescence » est la réunion du préfixe « bio » (de « biologique ») et de « luminescence », signifiant « phénomène biologique qui produit de la lumière ». Peux-tu créer d'autres mots avec le préfixe « bio » ?

Nourriture sous-marine

76 La chaîne alimentaire de l'océan démarre dans la zone littorale avec le phytoplancton qui utilise l'énergie solaire pour se développer. Mangé par d'autres créatures, il leur transmet énergie et nutriments. Toutefois, les sources de nourriture se font rares dans les profondeurs, ce qui explique que de nombreux animaux marins mangent tout ce qu'ils trouvent tandis que d'autres chassent.

▼ L'énergie utilisée par la vie sous-marine provient majoritairement de la zone littorale. Le phytoplancton démarre la chaîne alimentaire et les courants remontants l'achèvent en ramenant des nutriments à la surface.

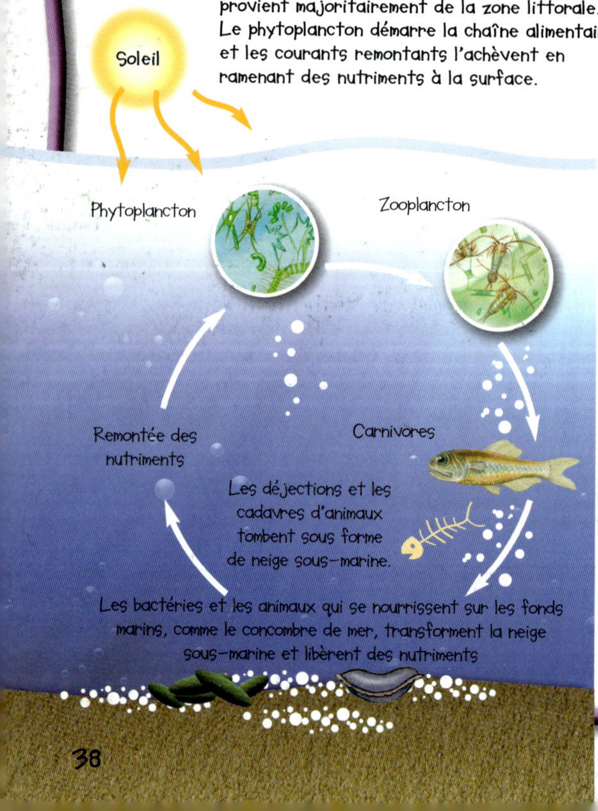

77 Bien que minuscules, les copépodes et le krill (zooplancton) jouent un grand rôle dans l'écosystème des océans. Ces crustacés mangeurs de phytoplancton se comptent par milliards. Chaque soir, ils nagent vers la surface pour éviter d'être dévorés. Le matin, ils redescendent dans les profondes eaux froides, jusqu'à 2 000 mètres pour le krill.

INCROYABLE !

Un krill n'est guère plus gros qu'un trombone, mais le poids total de tous les krills du globe dépasse celui de tous les êtres humains de la planète !

◀ Le requin lutin possède un long corps flasque de couleur rosâtre. Son museau allongé, tel une lame, lui donne un aspect préhistorique.

78

Les gros prédateurs, comme les requins, les phoques et les baleines, peuvent atteindre la zone sombre, mais s'y aventurent peu. Le requin lutin y évolue avec lenteur, son museau l'aidant à détecter des proies enfouies dans le sol. Ses énormes mâchoires peuvent se fermer promptement pour attraper des petites proies au corps mou (poissons et calmars).

▼ L'anguille épineuse peut atteindre 2 mètres de longueur. Sa queue contient des photophores servant de leurre pour attirer les proies.

79

L'anguille épineuse a des mâchoires surdimensionnées. Elles s'écartent de façon spectaculaire pour gober des proies entières. Mais, fort heureusement, elle possède un estomac extensible, qui se déforme en fonction de la taille des prises.

80

Le poisson ogre est doté d'une dentition effrayante. La nourriture étant rare au fond de l'eau, sa mâchoire disproportionnée et ses crocs affûtés lui permettent d'attraper toutes les proies qui s'approchent, comme les calmars, et même des créatures plus grosses que lui.

▶ Cet animal au corps mou, vivant dans la zone crépusculaire, est un tunicier prédateur. Lorsqu'un animal s'approche de sa bouche en capuchon, elle se referme à la manière de la plante carnivore Dionée attrape-mouche.

Le poisson-pêcheur

81 **Le nom de poisson pêcheur provient des leurres utilisées par ce poisson pour attirer ses proies.** Seule la femelle possède de longues excroissances sur la tête qui lui servent de cannes à pêche et dont le bout est gainé de bactéries luisantes. Les autres animaux sont attirés par cette lumière et rapidement gobés par le poisson pêcheur.

▲ Dans le film *Le Monde de Nemo* (2003, Pixar/Walt Disney), Marin et Dory échappent de peu aux mâchoires d'un poisson pêcheur.

INCROYABLE !

Le dragon noir du Pacifique possède des taches lumineuses et une barbiche qui brille ! Les poissons sont attirés par sa barbiche qui remue doucement. Ils croient qu'elle se mange. Mais c'est un piège...

82 **Il existe différents types de poissons pêcheurs et tous ont l'air étrange.** La baudroie épineuse est l'une des plus curieuses. Elle vit jusqu'à 1 500 mètres de profondeur et tire son nom de sa nageoire dorsale, dotée de longues épines. Sa peau lisse est légèrement visqueuse.

La baudroie huppée

La baudroie pêcheuse

La baudroie abyssale

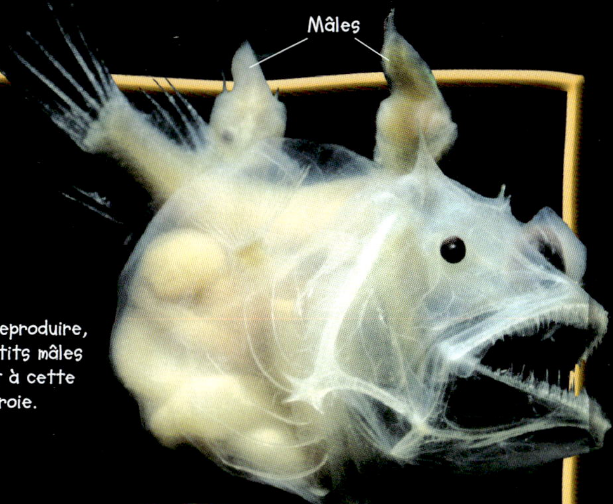

▶ Pour se reproduire, ces deux petits mâles s'accrochent à cette femelle baudroie.

83 Les baudroies mâles restent accrochées aux femelles toute leur vie ! En effet, les mâles, beaucoup plus petits que les femelles, s'accrochent à leur ventre avec leurs dents. Si la femelle nourrit le mâle, celui-ci lui fournit les spermatozoïdes nécessaires à la reproduction.

85 Le poisson dragon trompe lui aussi ses victimes. Lorsqu'il repère une crevette ou un poisson, il émet un point lumineux rouge à l'aide d'un photophore attaché sous son menton. La créature est attirée ; le poisson dragon peut alors saisir sa proie avec sa grande bouche aux dents acérées.

84 Les baudroies sont des poissons pêcheurs qui vivent sur le plancher océanique. Leur corps plat et massif, recouvert de petites excroissances charnues, les aide à passer inaperçues dans la vase où elles se cachent. Elles utilisent leurs nageoires pour agiter leur leurre et attirer des proies. Fréquemment capturées et vendues pour leur consommation, elles sont davantage connues sous le nom de poisson-moine.

▼ Lorsqu'il est posé sur le fond sous-marin, le poisson-moine est si bien camouflé qu'il est presque impossible à repérer.

Cache-cache

86 Toutes les créatures du règne animal utilisent des formes et des couleurs pour se cacher de leurs prédateurs ou de leurs proies. Au fond des océans, dans la semi-obscurité, les couleurs semblent différentes. Si les couleurs noir et rouge sont les plus utiles pour se camoufler, les créatures sous-marines ont développé d'autres stratagèmes pour éviter d'être détectées.

▲ Le calmar de verre des eaux profondes est presque transparent, en dehors de quelques points de couleurs vives sur son corps.

87 Certains animaux sous-marins sont des champions de la dissimulation. Le calmar de verre est presque transparent : la lumière passe à travers son corps, qui passe inaperçu. Il possède des organes lumineux sur la face inférieure de ses yeux, utilisés pour annuler son ombre sur le sol. La faible luminosité ambiante rend ses grands yeux bien utiles : ils recueillent plus de lumière et la transforment en images floues.

▲ Le *Dolichopteryx longipes* a des yeux équipés de miroirs qui captent la bioluminescence produite par ses proies.

88 Les écailles argentées présentes sur le dos des poissons réfléchissent la lumière et désorientent les prédateurs. En effet, lorsqu'un chasseur voit ces écailles brillantes dans la pénombre de la zone crépusculaire, les contours du poisson deviennent flous et celui-ci se fond dans l'environnement.

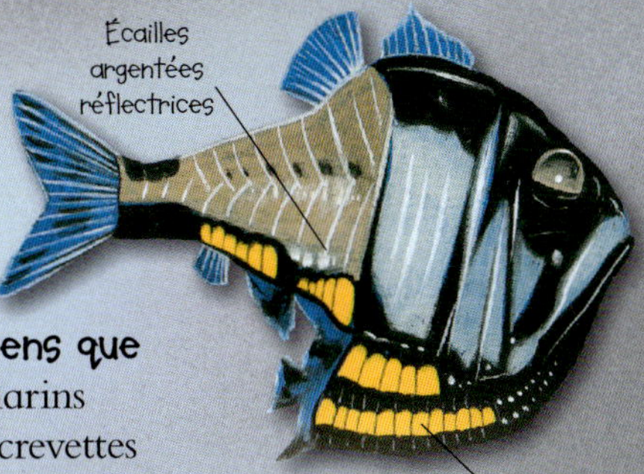

▲ Ses photophores lumineux et ses écailles argentées rendent le poisson hachette presque invisible pour ses prédateurs.

89 Dans l'obscurité, les animaux se fient à d'autres sens que la vue. La plupart des animaux sous-marins perçoivent les vibrations sous l'eau. Ainsi, les crevettes sont dotées d'antennes qui détectent la nourriture et les mouvements des prédateurs. De nombreux poissons peuvent aussi percevoir les champs électriques générés par les autres créatures.

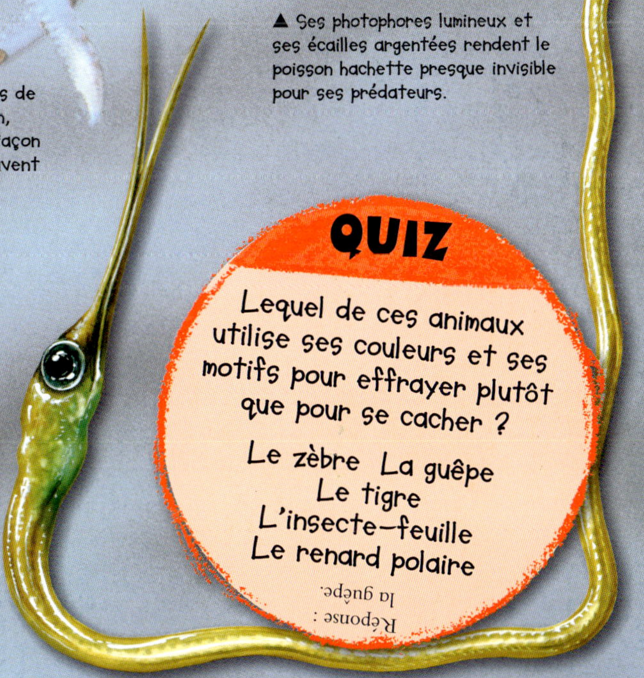

▶ Les mâchoires de l'avocette ruban, recourbées de façon opposée, ne peuvent pas se fermer complètement.

90 L'avocette ruban, au long corps effilé, a des mâchoires semblables à un bec d'oiseau. Évoluant jusqu'à 1800 mètres de profondeur, elle peut atteindre 1,50 mètre de long. À l'âge adulte, les mâchoires des mâles se rétrécissent et leurs narines s'allongent. Cet odorat plus performant les aide sûrement à détecter plus facilement les femelles.

QUIZ

Lequel de ces animaux utilise ses couleurs et ses motifs pour effrayer plutôt que pour se cacher ?

Le zèbre La guêpe
Le tigre
L'insecte-feuille
Le renard polaire

Réponse : la guêpe.

Explorer les grands fonds

▼ Cette chronologie retrace le développement de la technologie utilisée pour l'exploration des grands fonds.

1775
Le *Turtle*, l'un des premiers sous-marins, était monoplace.

1837
Augustus Siebe met au point le scaphandre étanche.

91 Les explorateurs des océans ont dû surmonter de nombreux problèmes. Comment approvisionner les plongeurs en air et les aider à supporter la pression de l'eau ? Car, s'ils remontent trop vite, les plongeurs risquent de souffrir de la maladie de décompression, qui peut être mortelle.

1872
Le navire britannique *Challenger* part pour une exploration de quatre ans des fonds océaniques.

1882
L'*Albatross*, un navire américain, poursuit la recherche océanographique.

1925
Le *Meteor* part pour une étude approfondie de l'océan Atlantique.

92 Le premier scaphandre fut inventé en 1837. Constitué d'une toile caoutchoutée souple et étanche, il permettait aux plongeurs d'atteindre des profondeurs de 60 à 90 mètres. Environ 40 ans plus tard, un navire britannique nommé *Challenger* partit explorer les profondeurs

1934
William Beebe et Otis Barton établissent un record de plongée à bord d'une bathysphère : – 923 mètres.

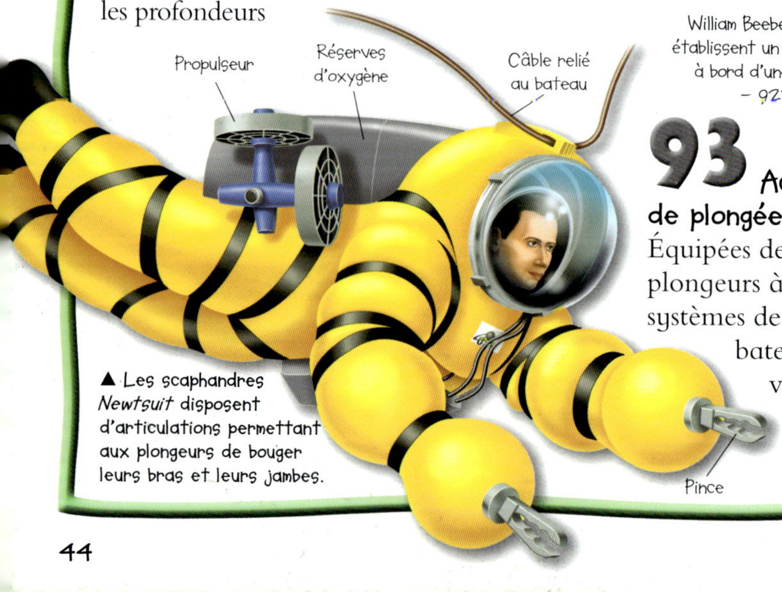

▲ Les scaphandres *Newtsuit* disposent d'articulations permettant aux plongeurs de bouger leurs bras et leurs jambes.

93 Actuellement, les combinaisons de plongée sous-marine sont en métal. Équipées de propulseurs pour aider les plongeurs à se déplacer sous l'eau, de systèmes de communication reliés au bateau de surface et de caméras vidéo, elles permettent aux plongeurs de travailler à une profondeur de 300 mètres.

94 L'*Alvin* fut le premier sous-marin à emmener des explorateurs dans la zone sombre.

94 L'*Alvin* fut le premier sous-marin à emmener des explorateurs dans la zone sombre. Il a effectué plus de 4 000 plongées et c'est à son bord que des explorateurs découvrirent les premiers évents hydrothermaux. Un programme de modernisation permettra à l'Alvin d'atteindre des profondeurs supérieures 6 000 mètres.

96 Les prises de photo depuis l'espace sont une autre façon de découvrir les secrets des fonds marins.

96 Les prises de photo depuis l'espace sont une autre façon de découvrir les secrets des fonds marins. Ainsi, les images par satellite fournissent des informations sur les courants et le relief des profondeurs. Quant au sonar, il permet de cartographier le fond sous-marin grâce à la réflexion de signaux sonores contre le fond.

1960
Le Trieste plonge dans la fosse des Mariannes.

1964
Le sous-marin *Alvin* est construit.

1984
Le Nautile peut emmener jusqu'à trois personnes à des profondeurs de 6 000 mètres.

1986
Jason, un robot sous-marin téléguidé, est lancé.

1987
Le scaphandre *NewtSuit* est développé.

Années 1990
On utilise des satellites pour cartographier les fonds sous-marins.

95 L'utilisation de véhicules téléguidées est une des méthodes les plus sûres pour explorer les fonds sous-marins.

95 L'utilisation de véhicules téléguidées est une des méthodes les plus sûres pour explorer les fonds sous-marins. Ces submersibles sans présence humaine à bord sont descendus vers le fond à l'aide de câbles et guidés par l'équipage à partir du bateau de surface. À l'avenir, ces véhicules fonctionneront sans câbles, ce qui leur donnera davantage de liberté de mouvement.

▶ L'Institut de recherche de l'aquarium de la baie de Monterey, en Californie, a développé un robot sous-marin, le Benthic Rover. Il permet aux scientifiques d'étudier les effets du réchauffement climatique sur les océans.

LÉGENDE
1 Caméra vidéo
2 Mesure des courants
3 Respiromètre (mesure des gaz sédimentaux)

Une mer menacée

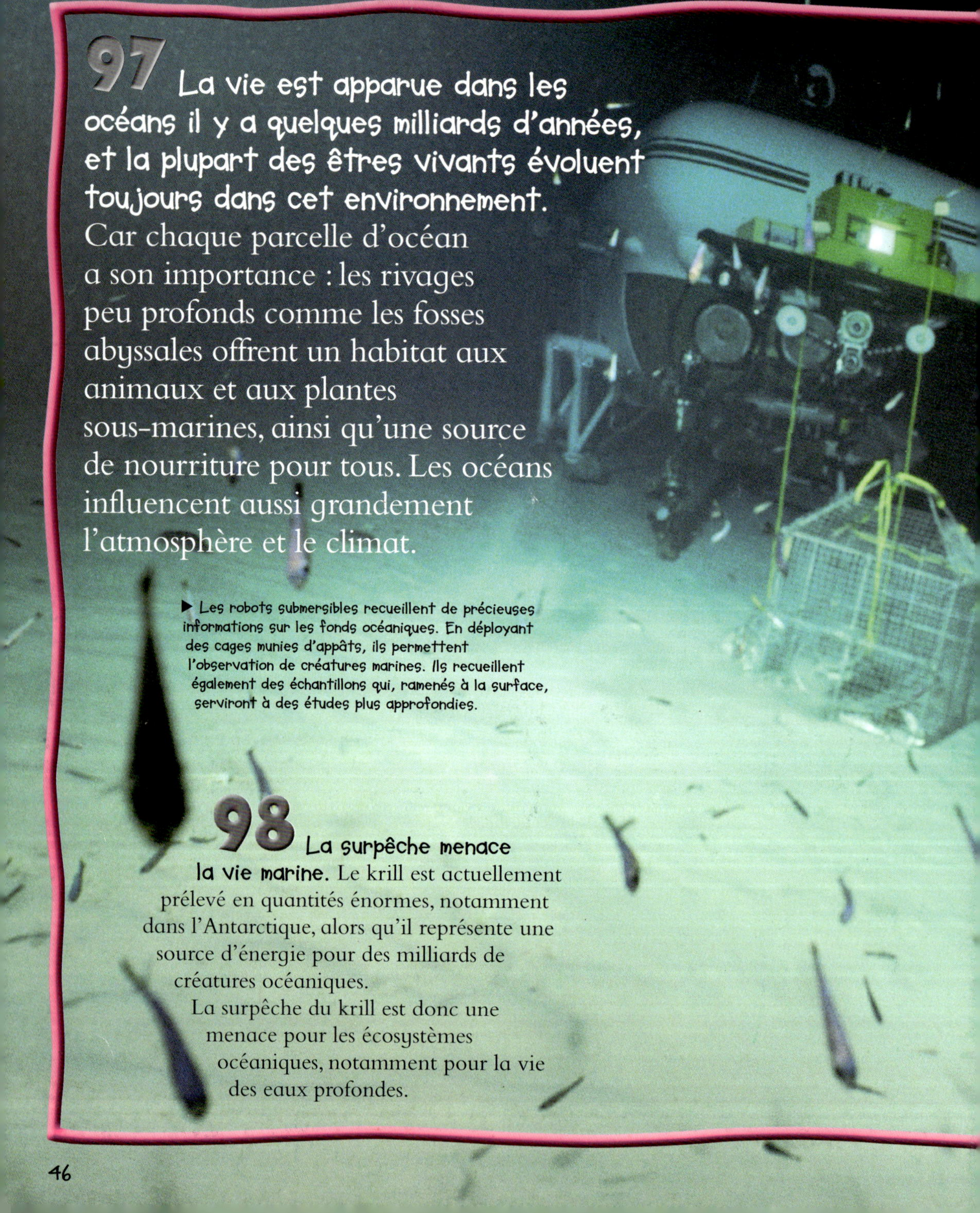

97 La vie est apparue dans les océans il y a quelques milliards d'années, et la plupart des êtres vivants évoluent toujours dans cet environnement. Car chaque parcelle d'océan a son importance : les rivages peu profonds comme les fosses abyssales offrent un habitat aux animaux et aux plantes sous-marines, ainsi qu'une source de nourriture pour tous. Les océans influencent aussi grandement l'atmosphère et le climat.

▶ Les robots submersibles recueillent de précieuses informations sur les fonds océaniques. En déployant des cages munies d'appâts, ils permettent l'observation de créatures marines. Ils recueillent également des échantillons qui, ramenés à la surface, serviront à des études plus approfondies.

98 La surpêche menace la vie marine. Le krill est actuellement prélevé en quantités énormes, notamment dans l'Antarctique, alors qu'il représente une source d'énergie pour des milliards de créatures océaniques.

La surpêche du krill est donc une menace pour les écosystèmes océaniques, notamment pour la vie des eaux profondes.

99 La pollution des océans est un problème majeur : la présence de déchets, d'hydrocarbures rejetés par les pétroliers, et une crise liée à la pollution au dioxyde de carbone (CO_2) menacent la vie marine. Le dioxyde de carbone est libéré lorsque nous brûlons des énergies fossiles, polluant l'eau des océans et provoquant le réchauffement climatique. Un projet d'enfouissement du CO_2 est à l'étude. Ce gaz, recueilli dans les centrales électriques, serait enterré au fond des mers, à travers un processus dit de captage et de stockage du CO_2.

100 Si le processus n'est pas inversé, les humains auront détruit le précieux habitat des profondeurs avant d'en avoir percé les mystères. Récemment, nous avons pris conscience de l'importance de la protection des océans et de la faune et de la flore qu'ils hébergent. Le moment est venu, pour les pays du monde, de travailler ensemble afin d'éviter des dégâts plus importants. Car les profondeurs cachent encore de nombreux secrets qu'il nous appartient de protéger...

INCROYABLE !

Si tu pouvais mettre dans une boîte géante toutes les créatures vivant sur la planète, la vie océanique occuperait 99,5 % de l'espace ! Ce qui reste suffirait à contenir toute la vie présente sur les terres !

Index